Currys

AUTORIN: BETTINA MATTHAEI | FOTOS: WOLFGANG SCHARDT

Praxistipps

Extra

Rezepte

Curry als Fertigmischungen

Handelsübliche Industrieprodukte aus dem Supermarkt tragen meist klassische Namen. So steht die Bezeichnung »Englisches Curry« für eine milde bis mittelscharfe Mischung mit einem hohen Anteil an gelb färbendem Kurkuma. Unter »Madrascurry« dagegen können Sie eher ein scharfes Currypulver erwarten, und unter dem Namen »Garam Masala« verbirgt sich eine sehr aromatische Gewürzmischung ohne Kurkuma, mit der man traditionell erst am Ende der Garzeit würzt.

An Currymischungen gibt es inzwischen ein nahezu unüberschaubares Angebot, die entweder so stimmungsvolle Namen wie »Feuer von Bengalen« oder »Duft von Bombay« tragen. Diese Bezeichnungen sagen allerdings nichts über den Geschmack der Currymischung aus. Aussagekräftiger sind dagegen Produkte, die auf eine besondere Zutat hinweisen, Beispiele dafür sind »Kokos-Curry«, »Ingwer-Curry« oder auch »Zitronen-Curry«.

Für alle, die Curry als Gewürz noch nicht so gut kennen, ist für den Anfang ein eher mildes, leicht aromatisches Currypulver empfehlenswert, das je nach Geschmack und Vorlieben durch Pfeffer oder Cayennepfeffer ergänzt werden kann.

Egal, für welches Produkt Sie sich entscheiden, ein Blick zuvor auf die Zutatenliste liefert nützliche Hinweise: Stehen Koriander und Cumin (Kreuzkümmel) ganz oben auf der Liste, können Sie mit einem würzigen, aber milden Currypulver rechnen. Ein hoher Kurkuma-Anteil verspricht reichlich gelbe Farbe und einen leicht herben Geschmack. Bockshornklee macht ein Curry typisch würzig und deutet auf einen herb-bitteren Geschmack hin. Kardamom, Zimt und Nelken sorgen für ein üppiges Aroma. Künstliche Aromen, Geschmacksverstärker oder Konservierungsstoffe haben nichts in einem guten Currypulver zu suchen. Auch Zucker und Salz als Zutaten gehören nicht hinein.

Indische Currypasten zum Kaufen

Auch bei den ölig-braunen Pasten ist das Angebot in den Asia-Läden groß. Hinweise auf »mild«, »medium« und »hot« sind nur eine grobe Orientierungshilfe. Diese Produkte tragen oft Namen, die auf eine Zubereitungsart, nicht aber auf den Geschmack hinweisen. Deshalb lohnt es sich, auch die Zutatenliste zu studieren, um Informationen über Geschmack und Schärfegrad zu bekommen. Hier eine Auswahl gängiger Pasten mit Bezeichnungen entsprechend ihrer Zubereitungsart:

Korma Darunter versteht man eine nordindische, persisch inspirierte, cremig-aromatische Zubereitung, bei der Mandeln, Sahne oder Joghurt verwendet werden. In der Regel sind diese Würzpasten sehr mild.

Tandoori Diese Zubereitungsart ist abgeleitet von dem pakistanischen Tonofen »Tandoor«, in dem mariniertes Fleisch bei hoher Temperatur gegart wird. Die Marinade besteht aus Joghurt, Gewürzen, Kräutern und – leider auch noch – aus roter Lebensmittelfarbe.

Tikka Dies ist eine Bezeichnung für eine Zubereitungsart. »Tikka« heißt so viel wie »kleine Stückchen«. Das Fleisch wird klein geschnitten und mariniert, auf Spieße gesteckt und gegrillt oder gebraten. Eine Currypaste mit dem Hinweis Tikka ist vor allem zum Marinieren gedacht. Das vorbereitete Fleisch können Sie auch mit Kokosmilch oder Sahne zubereiten. Und das Aufstecken auf Spieße ist nicht zwingend.

Vindaloo Der Name ist abgeleitet von einem Gericht aus Schweinefleisch in Weinessig (»Vin«) mit Knoblauch (»alho«). Vindaloo-Paste ist meistens mittelscharf, statt Essig kann sie Limetten- oder Tamarindensaft enthalten.

Kashmiri Diese meist mittelscharfe Currypaste ist sehr aromatisch, passt zu Fleisch oder Garnelen in Verbindung mit Früchten, Sahne und Kokosmilch.

Alle Pasten können Sie so verwenden:
Marinieren (Bild 1) Schweine-, Hähnchen- oder Lammfleisch mit etwas Paste (oder einer Mischung aus Paste und Joghurt) einreiben. Abgedeckt im Kühlschrank mindestens 30 Min. ruhen lassen. Dann braten oder grillen.

Anbraten (Bild 2) Etwas Öl in einer Pfanne erhitzen, 1–2 EL Paste in die Mitte geben und unter Rühren anrösten, bis es duftet. Das Fleisch darin kurz pfannenrühren und mit Tomaten, Kokosmilch oder Sahne ablöschen.

Abschmecken (Bild 3) Die Pasten sind auch ideal zum Abschmecken oder Nachwürzen – auch bei Tisch.

Currypulver selber mischen

Wer sicher sein möchte, dass sein Currypulver keine künstlichen Bestandteile enthält, oder wer eine Zutat nicht mag, kann es einfach selber mischen.

Currypulver

Garam Masala

Panch Phoron

4 EL Koriandersamen
2 EL Cuminsamen
1 EL Kurkumapulver
1 EL Cayennepfeffer

1 Koriander- und Cuminsamen in einer Pfanne ohne Fett bei mittlerer Hitze 2–3 Min. rösten, bis sie duften. Auf einem Teller abkühlen lassen. In einer Kaffeemühle oder im Blitzhacker fein mahlen. Mit Kurkumapulver und Cayennepfeffer mischen. Gut verschlossen kühl und dunkel aufbewahren.

Tipp – zum Ergänzen

Dieses Basis-Currypulver können Sie je nach Rezept oder Geschmack ergänzen mit: Zimt, Kardamom, Gewürznelke, Fenchel, Muskatnuss, Bockshornklee, Safran, Chili, Pfeffer, Ingwer, Paprika, Galgant, Lorbeerblatt, Curryblatt oder Orangenschale.

Garam Masala

1 EL Koriandersamen, 1 EL Cuminsamen, 2 TL Kardamomsamen, 2 TL schwarze Pfefferkörner, 1 TL braune Senfkörner, ½ TL Fenchelsamen und 5 Nelken in einer Pfanne ohne Fett 2–3 Min. anrösten, bis sie duften. Abkühlen lassen und fein mahlen. Mit 2 TL Zimtpulver und 1 TL gemahlener Macis (Muskatblüte) mischen. 2 Lorbeerblätter zwischen den Fingern ganz klein zerbröseln und untermischen. Die Bestandteile können Sie auch nach Geschmack variieren.

Panch Phoron

Panch Phoron ist eine bengalische Gewürzmischung und besteht zu gleichen Teilen aus den ganzen Samen von Schwarzkümmel, Bockshornklee, Cumin, Fenchel und braunen Senfkörnern. 1–2 EL Panch Phoron in 2–3 EL Öl kurz anrösten und über ein Dal oder ein Gemüsecurry geben.

Rote Thai-Currypaste

Rote oder grüne Pasten können Sie auch selber machen. Sie reichen für 2–3 Gerichte und halten sich in einem Schraubglas mit etwas Öl bedeckt etwa 10 Tage.

Galgant

Kaffir-Limettenblätter

Rote Thai-Currypaste

6 große rote Chilischoten
30 g frischer Galgant
30 g Thai-Schalotten (oder Schalotten)
4 Knoblauchzehen
1 Bund Koriandergrün mit Wurzeln
4 Kaffir-Limettenblätter
1 Bio-Limette
2 Stängel Zitronengras
1 TL Salz | 1 TL Zucker
2 TL Garnelenpaste
2–3 TL Paprikapulver (delikatess oder edelsüßes)
2 TL Cuminpulver | 2 EL Öl

1 Chilis putzen, waschen, klein schneiden. Galgant, Schalotten und Knoblauch schälen, fein hacken. Koriandergrün waschen und trocken schütteln, die Wurzeln putzen. Stängel, Blätter und Wurzeln fein hacken. Limettenblätter in Stückchen schneiden, dabei die dicke Mittelnaht entfernen.

2 Die Limette waschen, abtrocknen, die Schale abreiben, den Saft auspressen. Vom Zitronengras das Innere des hellen unteren Teils fein hacken. Alles im Blitzhacker zu einer Paste verarbeiten. Salz, Zucker, Garnelenpaste, Paprika- und Cuminpulver und Öl untermischen.

Grüne Thai-Currypaste

6 große grüne Chilischoten putzen, waschen und klein schneiden. Je 25 g Ingwer und Galgant, 50 g Thai-Schalotten und 4 Knoblauchzehen schälen, fein hacken. 2 Bund Koriandergrün mit Wurzeln waschen und trocken schütteln, die Wurzeln putzen. Stängel, Blätter und Wurzeln fein hacken. 4 Kaffir-Limettenblätter in Stückchen schneiden, dabei die dicke Mittelnaht entfernen. 1 Bio-Limette waschen, abtrocknen, die Schale abreiben, den Saft auspressen. Im Blitzhacker zu einer Paste verarbeiten. 2–3 TL Salz und 2 EL Öl untermischen.

7

Vegetarische Currys

Sie sind unwiderstehlich gut! Wir haben Zutaten wie Kartoffeln, Zwiebeln, Gemüse und Hülsenfrüchte spannend kombiniert und aufregend gewürzt. Chilis und Ingwer bringen frische Schärfe, Nüsse sorgen für Biss, Kokosmilch für milde Cremigkeit und Kräuter bringen eine Extraportion Geschmack. Lassen Sie sich fürs Erste von den Aromen im Kichererbsen-Curry mit Tomaten verführen.

Kichererbsen-Curry
mit Tomaten

20 g frischer Ingwer
2 Knoblauchzehen
300 g Zwiebeln
3 EL neutrales Öl (z. B. Rapsöl)
1 EL Currypulver (nach Geschmack)
2 EL Tomatenmark
400 g stückige Tomaten (aus der Dose)
2 Lorbeerblätter
Salz
2 Dosen Kichererbsen (à 400 g)
schwarzer Pfeffer aus der Mühle
½ TL Zimtpulver (oder Garam Masala)
4 Stängel Minze

Für 4 Personen | ⊚ 1 Std. Zubereitung
Pro Portion ca. 360 kcal, 13 g EW, 11 g F, 54 g KH

1 Ingwer und Knoblauch schälen, beides fein würfeln. Die Zwiebeln schälen, längs halbieren und in Streifen schneiden. Das Öl in einer Pfanne erhitzen, die Zwiebeln darin unter Rühren in 15 Min. weich und hellbraun dünsten. Ingwer, Knoblauch und Currypulver dazugeben und 5 Min. mitdünsten.

2 Die Zwiebeln an den Rand schieben, das Tomatenmark dazugeben und anrösten, bis es duftet. 100 ml Wasser, Tomaten, Lorbeerblätter und 1 TL Salz dazugeben und offen 5 Min. köcheln lassen.

3 Die Kichererbsen in ein Sieb abgießen, waschen und abtropfen lassen. Zu den Zwiebeln geben und alles 10 Min. köcheln lassen, bis die Sauce dicklich wird. Die Lorbeerblätter entfernen. Mit Salz, Pfeffer, Zimtpulver und/oder Garam Masala abschmecken. Die Minze waschen und trocken tupfen, die Blätter hacken und über das Curry streuen.

mild-süß | fruchtig-frisch

Süßkartoffel-Paprika-Curry

Das Curry ist optisch ein Traum in Gelb und Orange und geschmacklich eine großartige Komposition aus sanften, scharfen und fruchtigen Elementen.

450 g orangefarbene Süßkartoffeln
2 Bund Frühlingszwiebeln
2 rote Paprikaschoten
½ Ananas
1 Bund Koriandergrün
1 rote Chilischote
2 EL neutrales Öl (z. B. Rapsöl)
2–3 EL rote Thai-Currypaste
½ l Orangensaft
400 ml Kokosmilch
2 TL frisch gepresster Limettensaft
1–2 TL Zucker
Salz

Für 4 Personen | ⏱ 55 Min. Zubereitung
Pro Portion ca. 270 kcal, 5 g EW, 7 g F, 47 g KH

1 Die Süßkartoffeln schälen, in ½ x 2 cm große Stücke schneiden. Die Frühlingszwiebeln putzen und waschen, das Weiße in ca. 2 cm lange Stücke und das Grüne in Röllchen schneiden. Die Paprikaschoten halbieren, putzen, waschen und in 1 x 2 cm große Stücke schneiden.

2 Die Ananas schälen und den harten Strunk entfernen. Das Fruchtfleisch in ca. 1 cm große Würfel schneiden. Das Koriandergrün waschen und trocken schütteln, die Blätter hacken. Die Chilischote halbieren, putzen, waschen und in Streifen schneiden.

3 Das Öl im Wok oder in einer Pfanne erhitzen, den weißen Teil der Frühlingszwiebeln darin 1 Min.

pfannenrühren. Die Currypaste einrühren und 1 Min. mitbraten. Mit Orangensaft und Kokosmilch ablöschen und bei kleiner Hitze etwa 5 Min. köcheln lassen.

4 Die Süßkartoffeln in den Wok oder in die Pfanne geben und 3 Min. köcheln lassen. Dann die Paprikastücke dazugeben und bei kleiner Hitze 6 Min. köcheln lassen.

5 Die Ananas hinzufügen und 2 Min. mitgaren. Mit Limettensaft, Zucker und Salz abschmecken. Die Frühlingszwiebelröllchen untermischen. Das Curry mit Chilistreifen und Koriandergrün bestreuen.

GUT ZU WISSEN

Süßkartoffeln (Bataten) schmecken wie Kartoffeln, nur mit einer leicht süßlichen Note. Die Schalen sind je nach Sorte gelblich, orange oder rot. Das Fruchtfleisch variiert von weißlich, gelblich bis orangefarben. Süßkartoffeln sind eher mehligkochend. Man kann sie kochen, backen und pürieren. Sie enthalten viel Vitamin A und Kalium. Im Vergleich zu den heimischen Kartoffeln haben sie einen höheren Stärkegehalt.

würzig-mild

Weißgrünes Linsencurry

100 g Kokosraspel
30 g frischer Ingwer | 2 Knoblauchzehen
1 Bund Koriandergrün mit Wurzeln
100 g Zwiebel
3 EL neutrales Öl (z. B. Rapsöl)
1 TL Salz | 3 TL Garam Masala
800 ml Gemüsebrühe
300 g weiße geschälte Linsen (Urad Dal)
500 g Zucchini | 2 grüne Chilischoten

Für 4 Personen | 🕐 1 Std. Zubereitung
Pro Portion ca. 500 kcal, 22 g EW, 25 g F, 45 g KH

1 Die Kokosraspel goldgelb rösten, dann abkühlen lassen. Ingwer und Knoblauch schälen, beides fein würfeln. Das Koriandergrün waschen und trocken schütteln, die Wurzeln putzen. Wurzeln und Stängel hacken, die Blätter beiseitelegen.

2 Zwiebeln schälen und klein würfeln. 3 EL Kokosraspel beiseitestellen, den Rest mit 3 EL Wasser, Ingwer, Knoblauch, Korianderwurzeln und Stängel, Salz und Garam Masala im Mixer zu einer Paste verarbeiten. 2 EL Öl erhitzen, die Zwiebeln darin goldgelb dünsten. Die Paste dazugeben, 3 Min. mitbraten, Brühe dazugeben und aufkochen lassen. Linsen hinzufügen, aufkochen und zugedeckt ca. 25 Min. köcheln lassen, bis sie gar sind.

3 Zucchini waschen, putzen und ca. 5 mm groß würfeln. Chilischoten halbieren, putzen, waschen und klein würfeln. 5 Min. bevor die Linsen gar sind, das übrige Öl erhitzen, die Zucchini darin unter Rühren 2 Min. braten. Chiliwürfel zugeben. Gemüse mit den Linsen mischen, mit übrigen Kokosraspeln und Koriandergrün bestreuen.

frisch & mild | scharfe Akzente

Ingwer-Linsen-Curry

60 g frischer Ingwer
2 Knoblauchzehen
1 kleiner Hokkaido-Kürbis (ca. 1 kg)
250 g rote Linsen
2 EL neutrales Öl (z. B. Erdnussöl)
1 TL Salz
2 TL brauner Zucker
3–4 TL mildes Currypulver (z. B. Englisches Curry)
800 ml Gemüsebrühe
1 Bio-Limette
100 g Crème fraîche
½–1 TL Chiliflakes

Für 4 Personen | 🕐 45 Min. Zubereitung
Pro Portion ca. 460 kcal, 19 g EW, 18 g F, 56 g KH

1 Ingwer und Knoblauch schälen, beides fein würfeln. Den Kürbis halbieren, entkernen, in ca. 2 cm große Stücke schneiden. Die Linsen gut waschen.

2 Das Öl im Wok oder in einer Pfanne erhitzen, den Ingwer darin 2 Min. braten, den Knoblauch kurz mitbraten. Den Kürbis dazugeben und unter Rühren anbraten, salzen, mit Zucker bestreuen und weiterrühren, bis der Zucker gelöst ist. Mit 3 TL Currypulver bestäuben, gut mischen und mit Brühe ablöschen. Die Linsen dazugeben, aufkochen lassen und zugedeckt in ca. 20 Min. garen.

3 Die Limette heiß waschen und abtrocknen, die Schale abreiben und 2–3 TL Saft auspressen. Das Curry mit Salz, Currypulver, der Hälfte der Limettenschale und Limettensaft abschmecken. Auf das Curry einzelne Kleckse Crème fraîche geben, mit Chiliflakes und der übrigen Limettenschale bestreuen.

würzig-frisch

Brokkoli-Blumenkohl-Curry

Hier bekommt der Kohl ein dreifaches Topping: erst ingwerscharfen Joghurt, darauf in Öl geröstete Gewürze und schließlich Frühlingszwiebeln in feinen Röllchen.

500 g Brokkoli
½ Blumenkohl (ca. 400 g)
400 g Kartoffeln
1 Bund Frühlingszwiebeln
20 g frischer Ingwer
1 EL Butterschmalz (oder Ghee)
2 TL Currypulver (nach Geschmack)
300 ml Gemüsebrühe
300 g Joghurt
Salz
2 EL neutrales Öl (z. B. Distelöl)
1 EL Panch Phoron

Für 4 Personen | 🕐 45 Min. Zubereitung
Pro Portion ca. 280 kcal, 7 g EW, 18 g F, 22 g KH

1 Brokkoli und Blumenkohl waschen, putzen und in Röschen teilen. Die Kartoffeln schälen und in ca. 2 cm große Würfel schneiden. Die Frühlingszwiebeln waschen und putzen, das Weiße in ca. 2 cm große Stücke und das Grüne in Röllchen schneiden. Den Ingwer schälen und fein reiben.

2 Das Butterschmalz im Wok oder in einer Pfanne erhitzen, den weißen Teil der Frühlingszwiebeln dazugeben und 1 Min. braten. Mit Currypulver bestäuben und kurz anrösten.

3 Das Gemüse und die Kartoffeln dazugeben und unter Rühren 2 Min. anbraten. Mit Brühe ablöschen, aufkochen und zugedeckt bei kleiner Hitze 12 Min. köcheln lassen. Dann offen weiterkochen lassen,

bis das Gemüse und die Kartoffeln weich und die Flüssigkeit fast eingekocht ist.

4 Für den Würzjoghurt den Joghurt mit dem geriebenen Ingwer verrühren und salzen.

5 Für das Würzöl das Öl in einer Pfanne erhitzen, das Panch Phoron darin anrösten, bis es duftet und knistert. Den Würzjoghurt über das fertige Curry gießen, mit Würzöl beträufeln und mit den Frühlingszwiebelröllchen bestreuen.

GUT ZU WISSEN

Cumin ist typisch für die indische Küche und Bestandteil vieler Currymischungen und Panch Phoron. Er sieht ähnlich wie Kümmelsamen aus, hat jedoch ein ganz anderes Aroma: intensiv, warm und üppig mit kampferartigen Noten, würzig und scharf-bitter im Geschmack. Cumin wird im Ganzen oder gemahlen verwendet. Das Rösten der Samen ohne Fett steigert das Aroma. Cumin beruhigt bei Nervosität, wirkt bei Koliken und Durchfall und unterstützt die Verdauung. Cumin gibt es im Asia-Laden, Gewürzladen, auf Wochenmärkten oder übers Internet.

würzig-mild

Gelbrotes Gemüsecurry mit Möhren

Milder Kürbis, sanfte Kartoffeln und süßliche Möhren freuen sich über würzigen Knoblauch, Zwiebeln, Ingwer und über ein Topping aus Chili und Koriandergrün.

200 g Zwiebeln
50 g frischer Ingwer
2 Knoblauchzehen
500 g Möhren
400 g Kartoffeln
½ kleiner Hokkaido-Kürbis
(ca. 400 g Kürbisfleisch)
2 EL Butterschmalz (oder Ghee)
Salz
1 Prise Zucker
Currypulver (z. B. Madrascurry)
600 ml Gemüsebrühe
100 g feste Kokoscreme (ca. ½ Block)
1 rote Chilischote
½ Bund Koriandergrün

Für 4 Personen | ⏲ 55 Min. Zubereitung
Pro Portion ca. 390 kcal, 7 g EW, 27 g F, 30 g KH

1 Die Zwiebeln, den Ingwer und den Knoblauch schälen und in kleine Würfel schneiden. Die Möhren und die Kartoffeln schälen. Die Möhren in ca. ½ cm dicke Scheiben hobeln und die Kartoffeln in ca. ½ cm große Würfel schneiden. Den Kürbis entkernen und zuerst in ca. 1 cm breite Streifen, dann in ca. 2 cm große Stücke schneiden.

2 Das Butterschmalz in einer Pfanne erhitzen, die Zwiebelwürfel darin in 5 Min. glasig dünsten. Den Ingwer dazugeben und 2 Min. mitbraten. Die Möhren hinzufügen und unter Rühren 3 Min. braten.

Den Kürbis ebenfalls in die Pfanne geben und etwa 3 Min. braten. Den Knoblauch dazugeben und ca. 1 Min. mitbraten.

3 Mit Salz, Zucker und 2 TL Currypulver bestäuben und die Gewürze unter das Gemüse mischen, mit der Brühe ablöschen. Die Kartoffeln dazugeben, alles aufkochen und zugedeckt bei kleiner Hitze 15–18 Min. köcheln lassen.

4 Die Kokoscreme etwas zerkleinern, zum Gemüse geben und in der Flüssigkeit schmelzen lassen. Mit Salz und Currypulver abschmecken.

5 Die Chilischote halbieren, putzen, waschen und klein würfeln. Das Koriandergrün waschen und trocken schütteln, die Blätter und die zarten Stängel fein hacken. Mit Chiliwürfeln über das fertige Curry streuen.

GUT ZU WISSEN

Ingwer hat einen angenehmen, zitronigen Duft und einen frisch-scharfen Geschmack. Achten Sie beim Kauf auf silbrig glänzende und pralle Knollen. Verwenden Sie Ingwer für asiatische Wokgerichte, zu Fisch, Meeresfrüchten, Geflügel und Schwein, zu Möhren und Kürbis. Ingwer unterstützt die Verdauung, speziell nach fettem Essen. Er hilft bei Übelkeit, senkt Cholesterin- und Blutfettwerte und auch Bluthochdruck. Ingwer stärkt die Abwehr und wirkt antibakteriell bei Erkältungen.

würzig & frisch

Kartoffel-Kokos-Curry

600 g überwiegend festkochende Kartoffeln
Salz | 400 g rote Paprikaschoten
80 g Kokosraspel
40 g frischer Galgant (oder Ingwer)
2 Knoblauchzehen
1 Bund Koriandergrün
½ TL Kurkumapulver
½ TL Cayennepfeffer
3 EL neutrales Öl (z. B. Rapsöl)
200 ml Kokosmilch

Für 4 Personen | ◎ 45 Min. Zubereitung
Pro Portion ca. 220 kcal, 3 g EW, 20 g F, 9 g KH

1 Kartoffeln waschen und mit Schale in Salzwasser in 25 Min. garen. Dann abgießen, abkühlen lassen, pellen und in ca. 2 cm große Würfel schneiden.

2 Paprikaschoten vierteln, putzen, waschen in ca. 1 cm breite Streifen schneiden. Kokosraspel unter Rühren goldgelb rösten, auf einem Teller abkühlen lassen. Galgant und Knoblauch schälen, beides fein würfeln. Koriandergrün waschen und trocken schütteln, zarte Stängel und Blätter separat hacken.

3 Die Kokosraspel mit Galgant, Knoblauch, Korianderstängeln, Kurkumapulver, Cayennepfeffer und 1 TL Salz mischen. Mit 3 EL Wasser im Mixer zu einer Paste verarbeiten.

4 Öl im Wok oder in einer Pfanne erhitzen, die Paste darin unter Rühren 5 Min. anbraten. Die Kokosmilch dazugießen und aufkochen lassen. Die Paprikastreifen darin 3 Min. köcheln lassen. Die Kartoffeln dazugeben und unter Rühren erhitzen. Mit gehackten Korianderblättchen bestreuen.

preiswert | einfach

Bohnen-Kartoffel-Curry

300 g Zwiebeln
3 EL neutrales Öl (z. B. Rapsöl)
1 EL Panch Phoron
600 g Kartoffeln
300 ml Gemüsebrühe
2 EL indische Currypaste (medium oder hot)
800 g weiße Bohnen (aus der Dose)
100 g Frischkäse (16 % Fett i. Tr.)
Salz

Für 4 Personen | ◎ 50 Min. Zubereitung
Pro Portion ca. 400 kcal, 16 g EW, 13 g F, 53 g KH

1 Für die Würzzwiebeln die Zwiebeln schälen, längs halbieren und in dünne Streifen schneiden. Das Öl in einer Pfanne erhitzen, das Panch Phoron dazugeben und kurz anbraten. Die Zwiebelstreifen hinzufügen und bei kleiner Hitze in 30 Min. goldgelb braten.

2 Inzwischen die Kartoffeln schälen und in ca. 2 cm große Würfel schneiden. Die Kartoffelwürfel in einen Topf geben, so viel Brühe dazugießen, dass sie knapp bedeckt sind. Die Brühe aufkochen lassen und die Kartoffeln darin offen in 15–18 Min. garen, bis die Flüssigkeit nahezu eingekocht ist.

3 Die Currypaste einrühren, die weißen Bohnen dazugeben und langsam erhitzen. Den Frischkäse einrühren. Das Curry mit Salz und Currypaste abschmecken. Mit den Würzzwiebeln anrichten.

AUSTAUSCH-TIPP
Das Curry können Sie auch mit Linsen aus der Dose anstelle von weißen Bohnen zubereiten.

knackig-frisch | angenehm scharf

Grünes Gemüsecurry mit Brokkoli

Anregend frisch ist das Curry, in dem sich gesundes grünes Gemüse, asiatische Kräuter und typische Thai-Aromen zu einem kulinarischen Highlight verbinden.

500 g Brokkoli
400 g grüne Bohnen
2 Bund Frühlingszwiebeln
300 g kleine Zucchini
30 g Mandeln
½ Bund Thai-Basilikum
½ Bund Koriandergrün
2 EL neutrales Öl (z. B. Rapsöl)
2 EL grüne Thai-Currypaste
400 ml Kokosmilch
2 TL Fischsauce (oder Sojasauce)
1–2 TL Zucker
Salz
1–2 TL frisch gepresster Limettensaft

Für 4 Personen | ⏱ 50 Min. Zubereitung
Pro Portion ca. 185 kcal, 8 g EW, 10 g F, 15 g KH

1 Den Brokkoli waschen und in Röschen teilen. Die Bohnen waschen, putzen und halbieren. Die Frühlingszwiebeln putzen und waschen, das Weiße in ca. 3 cm lange Stücke und das Grüne in Röllchen schneiden. Die Zucchini waschen, putzen und in ca. ½ cm dicke Stifte hobeln.

2 Die Mandeln mit kochend heißem Wasser übergießen. Thai-Basilikum und Koriandergrün waschen und trocken schütteln. Die Basilikumblätter grob zerpflücken, Korianderstängel hacken und die Blätter ganz lassen.

3 Den Brokkoli und die Bohnen separat über Dampf garen. Dafür wenig Wasser in einem Topf aufkochen lassen. Erst den Brokkoli, dann die Bohnen jeweils in einen Dämpfeinsatz geben. Den Brokkoli in 4 Min. garen, die Bohnen in 8 Min. Jeweils sofort eiskalt abschrecken und abtropfen lassen.

4 Die Mandeln häuten und in einer kleinen Pfanne ohne Fett goldgelb rösten, dann beiseitestellen.

5 Öl im Wok oder in einer Pfanne erhitzen, den weißen Teil der Frühlingszwiebeln dazugeben und 2 Min. pfannenrühren. Zucchinistifte hinzufügen und 3 Min. unter Rühren braten. Currypaste und Korianderstängel dazugeben und untermischen. Mit Kokosmilch ablöschen und aufkochen lassen.

6 Brokkoli und Bohnen dazugeben und kurz erhitzen. Die Frühlingszwiebelröllchen untermischen. Mit Fischsauce, Zucker, Salz und Limettensaft abschmecken. Mit Korianderblättchen, Thai-Basilikum und ganzen Mandeln bestreut servieren.

AUSTAUSCH-TIPP

Variieren Sie das grüne Gemüsecurry nach Ihrem Geschmack, nach der Saison oder nach Ihren Vorräten: Erdnuss- oder Cashewnusskerne statt Mandeln. Schalotten und Schnittlauch anstelle von Frühlingszwiebeln. Und Brokkoli, Bohnen und Zucchini können Sie durch Romanesco, Blumenkohl, Zuckerschoten und grünen Spargel ersetzen.

Currys mit Fisch

Sie lieben frischen Fisch und exotische Aromen? Dann genießen Sie unsere chilischarfen oder fruchtig-frischen Fischcurrys! Denn wir haben für Sie mit würzigem Currypulver und scharfen Pasten experimentiert. Wie wäre es mit dem herrlich pikanten Tomaten-Fisch-Curry? Göttlich sind auch die Currys mit roter oder grüner Thai-Currypaste – damit kochen Sie sich direkt in Urlaubsstimmung!

Tomaten-Fisch-Curry

300 g Zwiebeln
3 EL neutrales Öl (z. B. Rapsöl)
50 g Tomatenmark
1 EL Currypulver (nach Geschmack)
2 TL edelsüßes Paprikapulver
400 g stückige Tomaten (aus der Dose)
Salz
½–1 TL Chiliflakes
400 ml Kokosmilch
700 g festes Fischfilet (z. B. Rotbarsch)
1 EL frisch gepresster Limettensaft
1 Bund Koriandergrün

Für 4 Personen | ⏲ 45 Min. Zubereitung
Pro Portion ca. 325 kcal, 35 g EW, 9 g F, 10 g KH

1 Die Zwiebeln schälen, längs halbieren, in feine Streifen schneiden. 2 EL Öl im Wok oder in einer Pfanne erhitzen, die Zwiebeln darin zugedeckt bei kleiner Hitze 10 Min. dünsten. Dann die Zwiebeln offen in 10 Min. sehr weich und goldgelb dünsten.

2 Die Zwiebeln herausnehmen, übriges Öl erhitzen. Das Tomatenmark darin unter Rühren anrösten. Curry- und Paprikapulver hinzufügen und untermischen, mit den Tomaten ablöschen. Mit Salz und Chiliflakes würzen. Kokosmilch und 200 ml Wasser dazugießen, alles aufkochen und bei kleiner Hitze 5–8 Min. köcheln lassen.

3 Inzwischen die Fischfilets waschen, trocken tupfen, in ca. 3 cm große Würfel schneiden, mit Limettensaft beträufeln und salzen. Den Fisch in die Sauce geben und 5–6 Min. ziehen lassen.

4 Das Koriandergrün waschen und trocken schütteln, die Blätter hacken. Das Curry damit bestreuen und sofort mit Reis servieren.

frisch-würzig | scharf

Mango-Kokos-Fischcurry

Mit diesem fruchtig-würzigen Curry entführen Sie Ihre Gäste nach Kerala, dem tropischen Südwesten Indiens, einem wahren Gewürz- und Früchteparadies.

2 Kaffir-Limettenblätter
1 Zwiebel
1 Bund Koriandergrün
10–12 getrocknete Curryblätter
100 g Kokosraspel
1 EL Currypulver (z. B. Madrascurry)
1 TL gemahlener Fenchel
Salz
1 halbreife Mango (ca. 400 g)
600 g Lachsfilet
2 grüne Chilischoten
¼ l Fischfond (aus dem Glas)
2 EL neutrales Öl (z. B. Erdnussöl)
1 ½ TL braune Senfkörner

Für 4 Personen | ⏱ 40 Min. Zubereitung
Pro Portion ca. 570 kcal, 32 g EW, 42 g F, 17 g KH

1 Die Limettenblätter ohne die dicke Mittelnaht erst in sehr feine Streifen schneiden, dann quer in winzige Stückchen. Die Zwiebel schälen und fein würfeln. Das Koriandergrün waschen und trocken schütteln. Zarte Stängel und die Blätter separat hacken und die Blätter beiseitestellen.

2 Die Curryblätter zwischen den Fingern zerbröseln. Mit Kokosraspel, Zwiebel, Korianderstängel, Currypulver, gemahlenem Fenchel, Limettenblätter und 1 TL Salz in den Mixer geben. Mit ca. 150 ml Wasser zu einer dicklichen Paste verarbeiten.

3 Die Mango schälen, das Fruchtfleisch vom Stein schneiden und in ca. 1 ½ cm große Würfel schneiden. Das Lachsfilet waschen, mit Küchenpapier trocken tupfen und in ca. 3 cm große Würfel schneiden. Die Chilischoten halbieren, putzen, waschen und in Streifen schneiden.

4 Die Fischwürfel, die Mangostücke und die Chilistreifen in eine große Pfanne geben, die Würzpaste gleichmäßig darauf verteilen. Den Fischfond dazugießen und langsam aufkochen lassen. Das Curry bei kleiner Hitze 6–8 Min. köcheln lassen. Eventuell nach der Hälfte der Garzeit alles vorsichtig wenden, damit das Curry gleichmäßig gart.

5 Für das Würzöl das Öl in einer kleinen Pfanne erhitzen, die Senfkörner darin anrösten, bis sie duften und knistern. Das Würzöl über das fertige Curry gießen. Mit dem übrigen Koriandergrün bestreuen.

frisch-würzig | scharf

Rotes Thai-Fischcurry

700 g festes Fischfilet (z. B. Rotbarsch)
2 EL frisch gepresster Limettensaft
1 ½ EL neutrales Öl (z. B. Erdnussöl)
2 EL rote Thai-Currypaste
400 ml Kokosmilch
2 TL Fischsauce
1 ½ TL Zucker | Salz
1 kleines Bund Koriandergrün
1 kleines Bund Thai-Basilikum

Für 4 Personen | 30 Min. Zubereitung
Pro Portion ca. 255 kcal, 33 g EW, 4 g F, 7 g KH

1 Den Fisch waschen, mit Küchenpapier trocken tupfen und in ca. 4 cm große Würfel schneiden, dann mit 1 EL Limettensaft beträufeln.

2 Das Öl im Wok oder in einer Pfanne erhitzen, die Currypaste dazugeben und unter Rühren 3 Min. braten, mit Kokosmilch ablöschen und 10 Min. einkochen lassen.

3 Mit dem restlichen Limettensaft, Fischsauce, Zucker und Salz abschmecken. Die Fischwürfel dazugeben und bei kleiner Hitze in 5–6 Min. gar ziehen lassen.

4 Das Koriandergrün und das Thai-Basilikum waschen und trocken schütteln, die Blätter abzupfen. Das fertige Curry mit den Koriander- und Basilikumblättern bestreuen.

AUSTAUSCH-TIPP

Statt Fischfilet können Sie 600 g Hähnchenbrustfilet in Würfel schneiden und in der Sauce bei kleiner Hitze in 10–12 Min. gar ziehen lassen.

kräuter-frisch | würzig-scharf

Grünes Thai-Fischcurry

300 g rohe geschälte Riesengarnelenschwänze
400 g festes Fischfilet (z. B. Rotbarsch)
2 EL neutrales Öl (z. B. Erdnussöl)
2–3 EL grüne Thai-Currypaste
400 ml Kokosmilch
1 EL Fischsauce
1–2 EL frisch gepresster Limettensaft
1–2 TL Zucker
Salz
1 Bund Koriandergrün

Für 4 Personen | 35 Min. Zubereitung
Pro Portion ca. 250 kcal, 33 g EW, 7 g F, 7 g KH

1 Die Garnelenschwänze waschen und trocken tupfen, den Rücken mit einem scharfen Messer leicht einschneiden und den Darm entfernen.

2 Den Fisch waschen, mit Küchenpapier trocken tupfen und in ca. 3 cm große Würfel schneiden.

3 Das Öl im Wok oder in einer Pfanne erhitzen, die Currypaste darin unter Rühren 2 Min. braten. Mit Kokosmilch ablöschen, aufkochen und bei kleiner Hitze in 10 Min. cremig einkochen lassen.

4 Mit Fischsauce, Limettensaft, Zucker und Salz abschmecken. Die Fischwürfel dazugeben und 1–2 Min. ziehen lassen. Dann die Garnelen hinzufügen und 3–4 Min. ziehen lassen. Das Koriandergrün waschen und trocken schütteln, die Blätter hacken und über das Curry streuen. Sofort servieren.

Scharfes Fischcurry mit Blattspinat

Sie geben dem Curry Pep: scharfes Currypulver, beißend-scharfer Senf, zitronig-scharfer Ingwer und die frische Schärfe von grünen Chilis und Frühlingszwiebeln.

700 g Seelachsfilet
Salz | schwarzer Pfeffer aus der Mühle
20 g frischer Ingwer
1 EL frisch gepresster Limettensaft
2 EL helle Sojasauce
2–3 grüne Chilischoten
1 Bund Frühlingszwiebeln
500 g Cherrytomaten
200 g Blattspinat
2 EL neutrales Öl (z. B. Rapsöl)
2 TL braune Senfkörner
2–3 TL scharfes Currypulver
400 ml Kokosmilch

Für 4 Personen | 40 Min. Zubereitung
Pro Portion ca. 260 kcal, 36 g EW, 8 g F, 11 g KH

1 Den Fisch waschen, mit Küchenpapier trocken tupfen und in ca. 4 cm große Würfel schneiden. Die Fischwürfel mit Salz und Pfeffer würzen. Den Ingwer schälen und fein reiben, mit Limettensaft und Sojasauce verrühren. Den Fisch darin wenden und zugedeckt in den Kühlschrank stellen und bis zur Verwendung marinieren.

2 Die Chilischoten halbieren, putzen, waschen und würfeln. Die Frühlingszwiebeln putzen und waschen, das Weiße und das Grüne separat in Ringe schneiden. Die Stielansätze der Tomaten entfernen. Tomaten kurz überbrühen, häuten, halbieren und die Kerne mit einem Teelöffel entfernen. Den Blattspinat gründlich waschen und verlesen, even-

tuell von den harten Stielen befreien und in einem Sieb abtropfen lassen.

3 Das Öl im Wok oder einer großen Pfanne erhitzen. Die Senfkörner dazugeben und rösten, bis sie duften und knistern. Das Weiße der Frühlingszwiebeln und die Chilis dazugeben und 2–3 Min. mitbraten. Mit dem Currypulver bestäuben und unter Rühren kurz anrösten. Die Tomaten hinzufügen, salzen und 2 Min. pfannenrühren.

4 Die Kokosmilch dazugießen und bei kleiner Hitze ca. 5 Min. köcheln lassen, bis die Sauce sämig wird. Die Fischwürfel dazugeben und 5 Min. in der Sauce ziehen lassen. Den Blattspinat hinzufügen und zugedeckt in 1 Min. zusammenfallen lassen. Alles vorsichtig mischen, mit Salz und Currypulver abschmecken und mit den übrigen Frühlingszwiebeln bestreuen.

KARIBISCHE VARIANTE
So wird das Curry karibisch: Die Chilimenge verdoppeln und zusammen mit dem weißen Teil der Frühlingszwiebeln noch 3–4 gehackte Knoblauchzehen mit andünsten. Anstelle der Tomaten 80 g fein gehackte getrocknete Soft-Aprikosen mitbraten, und mit dem Fisch 2 kleine, in Scheiben geschnittene nicht zu reife Bananen dazugeben. Das fertige Curry mit gerösteten Mandelblättchen bestreuen.

fruchtig-pikant
Ananas-Garnelen-Curry

je 2 grüne und rote Chilischoten
80 g Kokosraspel
1 TL gemahlener Cumin
¼ TL Kurkumapulver
Salz
1 große Ananas (»extrasweet«)
1 Lorbeerblatt
300 g Joghurt
70 g feste Kokoscreme (ca. ⅓ Block)
500 g rohe geschälte Garnelen
2 TL Zucker
1 Bund Koriandergrün

Für 4 Personen | ⓦ 35 Min. Zubereitung
Pro Portion ca. 510 kcal, 29 g EW, 30 g F, 30 g KH

1 Die Chilischoten halbieren, putzen, waschen und würfeln. Mit Kokosraspel, Cumin, Kurkumapulver, 1 TL Salz und 150 ml Wasser im Blitzhacker zu einer Paste verarbeiten.

2 Die Ananas schälen und den harten Strunk entfernen. Das Fruchtfleisch würfeln, mit dem Lorbeerblatt und ¼ l Wasser aufkochen und 5 Min. köcheln lassen.

3 Den Joghurt und die Paste dazugeben und unterrühren, aufkochen und 3 Min. köcheln lassen.

4 Die Kokoscreme zerkleinern und in der Flüssigkeit schmelzen lassen. Die Garnelen in die Sauce geben und in 5 Min. gar ziehen lassen. Mit Zucker und Salz abschmecken. Das Koriandergrün waschen, trocken schütteln und hacken. Das fertige Curry damit bestreuen.

leicht & frisch
Gemüse-Fisch-Curry

600 g festes Fischfilet (z. B. Rotbarsch)
Salz | 6 Stangen Staudensellerie
2 Möhren | 1 Bund Frühlingszwiebeln
2 Limetten (davon 1 Bio-Limette)
30 g frischer Ingwer
2–3 rote Chilischoten
200 ml Fisch- oder Gemüsefond (aus dem Glas)
3 EL neutrales Öl (z. B. Rapsöl)
3 TL mildes Currypulver (z. B. Englisches Curry)
400 ml Kokosmilch | 1 TL Zucker

Für 4 Personen | ⓦ 45 Min. Zubereitung
Pro Portion ca. 330 kcal, 31 g EW, 15 g F, 19 g KH

1 Den Fisch waschen, trocken tupfen, ca. 4 cm groß würfeln und leicht salzen. Staudensellerie putzen, waschen und in Scheibchen schneiden. Die Möhren putzen, schälen und in Stifte hobeln. Frühlingszwiebeln putzen und waschen, das Weiße hacken und das Grüne in Röllchen schneiden.

2 Bio-Limette heiß waschen und in Scheiben schneiden. Saft der übrigen Limette auspressen. Ingwer schälen, fein hacken. Chilisschoten halbieren, putzen, waschen und würfeln. Fond erhitzen.

3 Das Öl erhitzen, Ingwer, Chili und Zwiebel darin 1–2 Min. braten. Möhren und Sellerie dazugeben und 2 Min. mitbraten. Mit Currypulver bestäuben und unter Rühren 1 Min. anrösten. Mit Fond ablöschen und etwas einkochen lassen. Kokosmilch dazugeben, aufkochen und etwas einkochen lassen. Fisch hinzufügen und 4–5 Min. ziehen lassen. Mit Limettensaft und Zucker würzen. Mit Frühlingszwiebelröllchen und Limettenscheiben anrichten.

Currys mit Fleisch

Reisen Sie weiter mit uns durch die Welt der Currys! Und entdecken Sie Klassiker aus Indien und Thailand mit Hühnchen, Pute oder Ente. Besonders gut schmeckt uns das fruchtige Mangohuhn, das Sie gleich nachkochen können. Wir gönnen uns außerdem südafrikanische Rindercurrys, pakistanisches Lammcurry oder scharfes Schweinefilet. Diese Vielfalt der Aromen wird Sie begeistern!

Fruchtiges Mangohuhn

8 Hähnchenunterkeulen
250 g Zwiebeln
3 EL neutrales Öl (z. B. Rapsöl) | Salz
2 TL Currypulver (nach Geschmack)
150 ml frisch gepresster Orangensaft
150 g Mangochutney
200 ml Kokosmilch
1 rote Chilischote

Für 4 Personen | ⏱ 45 Min. Zubereitung
Pro Portion ca. 730 kcal, 56 g EW, 42 g F, 31 g KH

1 Hähnchenunterkeulen häuten (siehe Tipp) und dabei das sichtbare Fett entfernen. Die Zwiebeln schälen und in sehr feine Ringe schneiden.

2 Das Öl in einer großen Pfanne erhitzen. Die Hähnchenkeulen dazugeben und in 8 Min. rundum goldbraun anbraten, dann herausnehmen und sal-zen. Die Zwiebelringe ins Bratfett geben und unter häufigem Wenden in 10 Min. goldgelb braten.

3 Die Zwiebeln mit Currypulver bestäuben und mit Orangensaft ablöschen. Mangochutney und Kokosmilch dazugeben und aufkochen lassen.

4 Die Hähnchenkeulen in die Sauce geben und zugedeckt bei mittlerer Hitze in 15 Min. fertig garen. Die Chilischote halbieren, putzen, waschen und in Streifen schneiden und über das fertige Curry streuen.

TIPP – HÄHNCHENKEULEN HÄUTEN
Zum Häuten die Haut am unteren, dicken Keulenende etwas lockern, indem Sie mit dem Finger zwischen Fleisch und Hautinnenseite entlanggehen. Dann die untere von Haut freigelegte Keule mit der einen Hand festhalten und mit der anderen die Haut im Ganzen nach oben hin über den Knochen wegziehen.

fruchtig-würzig

Gelbes Curry mit Ente

Das Curry müssen Sie unbedingt probieren! Ananasstückchen und Limettensaft geben dem Gericht einen fruchtigen Touch, gelbe Currypaste macht's schön würzig.

2 Entenbrustfilets (à ca. 300 g)
Salz
schwarzer Pfeffer aus der Mühle
40 g frischer Ingwer
2 Knoblauchzehen
1 mittelgroße Ananas (ca. 800 g)
2 Bund Frühlingszwiebeln
400 g Tomaten
2 EL neutrales Öl (z. B. Rapsöl)
1–2 EL gelbe Thai-Currypaste
400 ml Kokosmilch
2–3 TL frisch gepresster Limettensaft
6–8 Stängel Schnittknoblauch

Für 4 Personen | 🕐 50 Min. Zubereitung
Pro Portion ca. 500 kcal, 30 g EW, 32 g F, 24 g KH

1 Die Entenbrüste waschen und mit Küchenpapier trocken tupfen. Die Fettseite der Entenbrüste rautenförmig einritzen. Das Fleisch auf beiden Seiten mit Salz und Pfeffer würzen.

2 Die Entenbrüste mit der Fettseite nach unten in eine Pfanne legen und bei mittlerer Hitze 8 Min. braten. Das Fleisch wenden und von der anderen Seite in 5–6 Min. fertig braten. Das Fleisch herausnehmen und warm halten (z. B. in Alufolie wickeln).

3 Inzwischen den Ingwer und den Knoblauch schälen, beides in feine Würfel schneiden. Die Ananas schälen, den harten Strunk entfernen und das Fruchtfleisch ebenfalls in Würfel schneiden.

4 Die Frühlingszwiebeln waschen und putzen, das Weiße in Stücke und das Grüne in feine Röllchen schneiden. Die Tomaten waschen und die Stielansätze entfernen. Die Tomaten vierteln und die Viertel klein würfeln.

5 Das Öl im Wok oder in einer Pfanne erhitzen. Den weißen Teil der Frühlingszwiebeln und den Ingwer darin 2 Min. pfannenrühren, dann den Knoblauch 30 Sek. mitbraten. Die Currypaste dazugeben und kurz anrösten.

6 Mit der Kokosmilch ablöschen und 5 Min. köcheln lassen. Tomaten und Ananas hinzufügen und weitere 5 Min. köcheln lassen. Das Curry mit Salz, Pfeffer und Limettensaft abschmecken.

7 Die Entenbrüste in Scheiben schneiden, mit dem Fleischsaft zum Curry geben und kurz erwärmen. Den Schnittknoblauch waschen, klein schneiden und über das Curry streuen. Sofort servieren.

TIPP – PERFEKT BRATEN
Zum Braten die Fettseite der Entenbrüste in die kalte Pfanne legen und langsam erhitzen, sodass das Fleisch im eigenen Fett gart. Es ist perfekt gegart, wenn es innen einen zartrosa Kern hat.

fruchtig-mild | ganz einfach

Putencurry mit Apfel

700 g Putenbrustfilet
60 g frischer Ingwer
150 g Zwiebeln
2 Knoblauchzehen
2 Äpfel
3 EL neutrales Öl (z. B. Rapsöl) | Salz
4 EL indische Currypaste (mild)
200 ml Geflügelbrühe
200 g Apfelmus (aus dem Glas)
¼ l Kokosmilch
1 TL getrocknete grüne Pfefferkörner

Für 4 Personen | 🕐 40 Min. Zubereitung
Pro Portion ca. 405 kcal, 47 g EW, 11 g F, 29 g KH

1 Das Fleisch waschen, trocken tupfen und in
2 × 3 cm große Stücke schneiden. Ingwer, Zwiebeln
und Knoblauch schälen und fein würfeln. Die Äpfel
schälen, vierteln, entkernen und die Viertel in
Scheibchen schneiden.

2 1 ½ EL Öl im Wok oder in einer Pfanne erhitzen,
das Fleisch portionsweise dazugeben und goldbraun braten. Herausnehmen und salzen. Das übrige Öl erhitzen, die Zwiebeln dazugeben und in
5 Min. glasig dünsten. Den Ingwer dazugeben und
1 Min. mitbraten, den Knoblauch hinzufügen und
30 Sek. braten. Mit den Apfelscheibchen weitere
3 Min. braten.

3 Die Currypaste einrühren, mit Brühe ablöschen
und aufkochen lassen. Apfelmus und Kokosmilch
unterrühren, alles aufkochen. Fleisch dazu geben
und bei kleiner Hitze 3–4 Min. köcheln lassen. Mit
Salz abschmecken. Die Pfefferkörner grob zerstoßen und über das Curry streuen.

intensiv-würzig | ganz einfach

Putencurry mit Cumin

300 g Joghurt | Salz
700 g Putenbrustfilet
500 g Tomaten
30 g frischer Ingwer
3 Knoblauchzehen
½ Bund Koriandergrün | ½ Bund Minze
3 EL Butterschmalz (oder Ghee)
2 TL Cuminsamen
1 Stange Zimt | schwarzer Pfeffer
Cayennepfeffer
2 TL gemahlener Cumin
2 TL frisch gepresster Limettensaft

Für 4 Personen | 🕐 35 Min. Zubereitung
Pro Portion ca. 365 kcal, 46 g EW, 17 g F, 8 g KH

1 Ein Sieb auf eine Schüssel setzen und mit Mull
auslegen. Joghurt mit ¼ TL Salz mischen, im Sieb
zugedeckt kalt stellen. Fleisch waschen, trocken tupfen und in Streifen schneiden. Tomaten waschen
und würfeln. Ingwer und Knoblauch schälen, beides
fein würfeln. Koriandergrün und Minze waschen und
trocken schütteln. Einige Korianderblätter ganz lassen. Den Rest und die Minze fein hacken.

2 Butterschmalz erhitzen, Cuminsamen und Zimt
darin 30 Sek. rösten. Das Fleisch darin portionsweise jeweils 4–5 Min. pfannenrühren, herausnehmen und salzen. Ingwer dazugeben und 1 Min. braten, Knoblauch darin 30 Sek. mitbraten. Tomaten
und Fleisch dazugeben, unter Rühren erhitzen. Mit
Salz, Pfeffer, Cayennepfeffer und Cumin würzen.
Mit Korianderblättern bestreuen. Joghurt mit Salz,
Limettensaft und gehackten Kräutern verrühren
und zum Curry servieren.

üppig-nussig | warm-würzig

Hühnchencurry mit Cashews

Knoblauch, Nüsse und Garam Masala sorgen für eine besonders intensive, warme Würze, die durch Minze und Limettensaft frisch ausgeglichen wird.

200 g Cashewnusskerne | 4 Hähnchenkeulen (à ca. 250 g) | 30 g frischer Ingwer | 4–6 Knoblauchzehen | 150 g Zwiebeln | 2 TL Chiliflakes | Garam Masala | Salz | 1 EL neutrales Öl (z. B. Rapsöl) | 400 ml Hühnerfond (oder Hühnerbrühe) | 2–3 TL frisch gepresster Limettensaft | ½ Bund Minze

Für 4 Personen | ⏱ 1 Std. 10 Min. Zubereitung
Pro Portion ca. 690 kcal, 51 g EW, 46 g F, 20 g KH

1 Die Cashewnusskerne anrösten und auf einem Teller abkühlen lassen. Die Hähnchenkeulen häuten (siehe Tipp Seite 33), dabei das sichtbare Fett entfernen. Die Keulen an den Gelenken mit einem Messer trennen. Das Fleisch waschen, trocken tupfen. Ingwer, Knoblauch und Zwiebeln schälen und klein würfeln.

2 150 g Cashewnusskerne im Blitzhacker sehr fein mahlen. Mit Ingwer, Knoblauch, Chiliflakes, 2–3 TL Garam Masala, 1 TL Salz und 4 EL Wasser zu einer geschmeidigen Paste verarbeiten.

3 Das Öl in einer großen Pfanne erhitzen, die Hähnchenteile darin rundum goldbraun anbraten, herausnehmen und salzen. Zwiebeln im Bratfett in 5 Min. glasig dünsten. Paste dazugeben und unter Rühren 5 Min. mitbraten. Hähnchenteile hinzufügen und unter Rühren 5 Min. mitbraten. Mit Fond ablöschen und zugedeckt 10 Min. köcheln lassen.

4 Die übrigen Cashewnusskerne unterrühren und 20 Min. köcheln lassen, bis das Fleisch zart ist. Mit Salz, Limettensaft und Garam Masala kräftig abschmecken. Minze waschen, trocken schütteln, die Blättchen zerpflücken und über das Curry streuen.

hocharomatisch | würzig

Rotes Tikka-Hühnchen

Durch das Anrösten von Zimt und Kardamom wird das Curry sehr aromatisch. Warmes Garam Masala, Paprika- und Currypulver machen das Gewürzerlebnis perfekt.

250 g Zwiebeln | 6 Kardamomkapseln | 3 EL Rapsöl | 1 Stange Zimt | 2 Knoblauchzehen | 25 g frischer Ingwer | 1 EL Currypulver (nach Geschmack) | 1 EL edelsüßes Paprikapulver | 2 TL Garam Masala | 2 große Fleischtomaten (ca. 400 g) | 700 g Hähnchenbrustfilets | 2 EL Tomatenmark | Salz | 1 Bund Koriandergrün

Für 4 Personen | ⊕ 50 Min. Zubereitung
Pro Portion ca. 290 kcal, 42 g EW, 10 g F, 8 g KH

1 Die Zwiebeln schälen und fein würfeln. Kardamomkapseln im Mörser kurz anstoßen. Das Öl im Wok oder in einer Pfanne erhitzen, Kardamomkapseln und Zimtstange dazugeben und kurz anrösten. Die Zwiebeln dazugeben und bei mittlerer Hitze in 15 Min. goldgelb braten.

2 Inzwischen Knoblauch und Ingwer schälen. Den Knoblauch sehr fein würfeln und den Ingwer fein reiben. Mit Currypulver, Paprikapulver und Garam Masala zu einer trockenen Paste verrühren.

3 Fleischtomaten waschen, von den Stielansätzen befreien und klein würfeln. Die Hähnchenbrustfilets waschen und trocken tupfen. Fett und Sehnen entfernen und das Fleisch ca. 3 cm groß würfeln.

4 Die Würzpaste zu den Zwiebeln geben und 1 Min. anbraten, bis es duftet. Tomatenwürfel und Tomatenmark hinzufügen und 2 Min. pfannenrühren. Mit ¼ l Wasser ablöschen, aufkochen lassen und salzen. Das Fleisch in die Sauce geben und unter Rühren darin in 12 Min. garen. Das Koriandergrün waschen und trocken schütteln, Blätter eventuell hacken und über das fertige Curry streuen.

frisch | intensiv würzig

Würziges Limettenhuhn

Ein perfektes Essen für den Sommer – Limette und Minze geben dem Curry eine besonders frische Note. Grüne Chilis und Curryblätter würzen intensiv.

200 g Zwiebeln
2 Knoblauchzehen
30 g frischer Ingwer
1 Bio-Limette
10–12 getrocknete Curryblätter
150 g Joghurt
1 EL Currypulver (nach Geschmack)
Salz
700 g Hähnchenbrustfilets
2 grüne Chilischoten
1 EL Butterschmalz (oder Ghee)
1 TL braune Senfkörner
40 g feste Kokoscreme (Block)
4 Stängel Minze

Für 4 Personen
◎ 45 Min. Zubereitung | 2 Std. Marinieren
Pro Portion ca. 325 kcal, 43 g EW, 14 g F, 7 g KH

1 Zwiebeln, Knoblauch und Ingwer schälen und fein würfeln. Die Limette heiß waschen und abtrocknen, die Schale fein abreiben. Die Limette halbieren, aus einer Hälfte 3 TL Saft auspressen, die andere Hälfte in dünne Scheiben schneiden.

2 Die Curryblätter zwischen den Fingern zerbröseln. Mit Zwiebeln, Knoblauch, Ingwer und Limettenschale im Blitzhacker zu einer Paste verarbeiten. Mit Joghurt, Currypulver und 1 TL Salz verrühren.

3 Die Hähnchenbrustfilets waschen und trocken tupfen, Fett und Sehnen entfernen. Das Fleisch in

ca. 3 cm große Würfel schneiden, mit der Würzmischung verrühren und zugedeckt im Kühlschrank 2 Std. marinieren.

4 100 ml Wasser im Wok aufkochen lassen. Das Fleisch samt Marinade dazugeben, aufkochen und bei mittlerer Hitze 12 Min. köcheln lassen, dabei häufig umrühren.

5 Inzwischen die Chilischoten halbieren, putzen, waschen und klein würfeln. Das Butterschmalz erhitzen, die Senfkörner darin braten, bis es knistert. Die Chilis dazugeben und unter Rühren kurz mitbraten. Diese Mischung zum Fleisch geben und 5 Min. mitgaren, bis das Fleisch gar ist.

6 Die Kokoscreme in der Sauce schmelzen lassen. Die Sauce mit Limettensaft und Salz abschmecken. Mit den Limettenscheiben anrichten. Die Minze waschen und trocken schütteln, die Blätter eventuell hacken und über das fertige Curry streuen.

UND DAZU?
Dazu passt eine milde Beilage wie Naanbrot oder **Safran-Pistazien-Reis.** Für den Reis ¼ TL Safranfäden mit ½ TL Zucker im Mörser fein zerreiben. Mit 2 EL warmes Wasser verrühren und 10 Min. ziehen lassen. 250 g Basmatireis mit der doppelten Menge Wasser und etwas Salz aufkochen lassen. Zugedeckt in 13 Min. oder nach Packungsangabe garen. Nach der Hälfte der Garzeit die Safranflüssigkeit unterrühren. Mit 2 EL gehackten Pistazienkernen bestreut servieren.

einfach | schön scharf

Rotes Thai-Hühnercurry

4 Hähnchenkeulen (à ca. 250 g))
1 EL neutrales Öl (z. B. Rapsöl) | Salz
400 ml Kokosmilch (Dose nicht schütteln)
2 EL rote Thai-Currypaste
2 rote Paprikaschoten
2 grüne Chilischoten
½ Bund Thai-Basilikum
½ Bund Koriandergrün
2 TL Fischsauce | 2 TL Zucker

Für 4 Personen | ◎ 50 Min. Zubereitung
Pro Portion ca. 420 kcal, 36 g EW, 25 g F, 14 g KH

1 Hähnchenkeulen häuten (siehe Tipp Seite 33), dabei das sichtbare Fett entfernen. Die Keulen an den Gelenken mit einem Messer trennen. Das Fleisch waschen, trocken tupfen. Das Öl in einer großen Pfanne erhitzen. Das Fleisch darin rundum in 5 Min. goldbraun braten, herausnehmen und salzen. Das Bratfett weggießen.

2 Die Pfanne erneut erhitzen, die dicke Sahne der Kokosmilch mit der Currypaste darin aufkochen lassen. Übrige Kokosmilch dazugießen und aufkochen lassen. Die Hähnchenteile hinzufügen und ca. 25 Min. köcheln lassen, dabei öfter wenden.

3 Paprika- und Chilischoten halbieren, putzen und waschen. Paprikahälften in 1 × 2 cm große Stücke schneiden, Chilis fein würfeln. Kräuter waschen und trocken schütteln, kleine Basilikumblätter ganz lassen, größere zerrupfen. Korianderblätter abzupfen. Paprikastücke zum Fleisch geben und in 4–5 Min. bissfest garen. Das Curry mit Fischsauce, Zucker und Salz abschmecken, mit Kräutern und Chiliwürfeln bestreuen.

zitronig-frisch | scharf

Grünes Hühnchencurry

3–4 grüne Chilischoten (ca. 40 g)
2 Bund Frühlingszwiebeln
2 Knoblauchzehen
50 g frischer Ingwer
1 Bio-Limette
700 g Hähnchenbrustfilets
3 EL neutrales Öl (z. B. Rapsöl) | Salz
400 ml Kokosmilch
1 TL Zucker
2 TL Fischsauce
2 EL Kokoschips

Für 4 Personen | ◎ 40 Min. Zubereitung
Pro Portion ca. 320 kcal, 41 g EW, 12 g F, 11 g KH

1 Die Chilischoten halbieren, putzen, waschen und fein würfeln. Die Frühlingszwiebeln putzen und waschen, das Weiße fein hacken und das Grüne in Röllchen schneiden. Knoblauch und Ingwer schälen, beides sehr fein hacken. Die Limette heiß waschen und abtrocknen, die Schale abreiben und 1–2 TL Saft auspressen. Das Fleisch ca. 3 cm groß würfeln.

2 Das Öl im Wok oder in einer Pfanne erhitzen. Chili, den weißen Teil der Frühlingszwiebeln, Knoblauch, Ingwer und Limettenschale darin unter Rühren 2 Min. andünsten. Fleisch dazugeben, unter Rühren 3 Min. anbraten, ohne dass das Fleisch bräunt. Salzen, mit Kokosmilch begießen, kurz aufkochen und zugedeckt bei kleiner Hitze in 12 Min. gar ziehen lassen. Sobald das Fleisch zart ist, die Frühlingszwiebelröllchen dazugeben und 2–3 Min. köcheln lassen. Mit Limettensaft, Zucker, Fischsauce und Salz abschmecken. Mit den Kokoschips bestreuen. Sofort servieren.

links: Rotes Thai-Hühnercurry | rechts: Grünes Hühnchencurry

aromatisch | gelingt leicht

Weißes Mandel-Korma-Huhn

Aus Nordindien kommen die mild-sahnigen Korma-Currys. Gemahlene Mandeln sorgen für Bindung und Substanz und geröstete Mandelstifte für feines Aroma.

80 g Mandelstifte
200 g Zwiebeln
2 Knoblauchzehen
40 g frischer Ingwer
1 grüne Chilischote
700 g Hähnchenbrustfilets
2 EL Butterschmalz (oder Ghee)
2 TL Garam Masala
Salz
gemahlener Kardamom
1 Bund Koriandergrün
40 g feste Kokoscreme (Block)
150 g Joghurt
1–2 TL frisch gepresster Limettensaft
1 TL Zucker

Für 4 Personen | ⊚ 50 Min. Zubereitung
Pro Portion ca. 495 kcal, 47 g EW, 29 g F, 16 g KH

1 Drei Viertel der Mandelstifte im Blitzhacker fein mahlen und in ein Schälchen geben. Mit 100 ml kochend heißem Wasser begießen und die Mandeln quellen lassen.

2 Inzwischen Zwiebeln, Knoblauch und Ingwer schälen und in feine Würfel schneiden. Die Chilischote halbieren, putzen, waschen und klein würfeln. Die Hähnchenbrustfilets waschen und trocken tupfen. Fett und Sehnen entfernen und das Fleisch in ca. 4 cm große Stücke schneiden.

3 Das Butterschmalz in einem Topf erhitzen, die Zwiebeln darin in 5 Min. glasig dünsten. Den Ingwer

und die Chiliwürfel dazugeben und 1 Min. pfannen-rühren, den Knoblauch hinzufügen und 30 Sek. mit-braten. Die gequollenen Mandeln mit Garam Masa-la, ½ TL Salz und 1 TL gemahlenem Kardamom dazugeben. Den Topf vom Herd nehmen und die Mischung mit dem Pürierstab fein pürieren. 100 ml Wasser dazugießen und aufkochen lassen.

4 Die Hühnerfleischstücke und eventuell etwas mehr Wasser dazugeben, sodass das Fleisch gera-de bedeckt ist. Das Fleisch darin bei kleiner Hitze in 12 Min. gar ziehen lassen.

5 Inzwischen die restlichen Mandelstifte in einer kleinen Pfanne ohne Fett goldgelb rösten. Das Kori-andergrün waschen und trocken tupfen, die Blätter fein hacken.

6 Die Kokoscreme in dem Curry schmelzen lassen. Den Topf vom Herd nehmen. Den Joghurt unter das Curry rühren. Das Curry mit dem Limettensaft, Zucker und Salz abschmecken. Mit den gerösteten Mandelstiften und Koriandergrün bestreuen und mit gemahlenem Kardamom bestäuben.

AUSTAUSCH-TIPPS
Die Mandeln können Sie durch frisch geröstete Cashew-nusskerne oder durch eine Mischung aus Cashewnuss- und Pistazienkerne ersetzen.

Auch fein: fein gehackte getrocknete Aprikosen unter das Curry oder den Beilagen-Reis mischen.

sehr aromatisch | edel

Goldenes Safran-Ingwer-Huhn

Es schmeckt superlecker, gelingt leicht und ist absolut gästetauglich.
Und Safran macht das Curry so einzigartig.

½ TL Safranfäden | Salz
4–6 getrocknete Curryblätter
¼ TL Cayennepfeffer
¼ TL Zimtpulver
150 g Joghurt
600 g Hähnchenbrustfilets
40 g frischer Ingwer
2 Knoblauchzehen
1 mittelgroße halbreife Mango (ca. 350 g)
1 Bund Koriandergrün
1 rote Chilischote
1 Bio-Limette
1 EL Butterschmalz (oder Ghee)
200 ml Kokosmilch

Für 4 Personen
🕐 1 Std. 5 Min. Zubereitung | 30 Min. Marinieren
Pro Portion ca. 275 kcal, 36 g EW, 7 g F, 16 g KH

1 Die Safranfäden mit ¼ TL Salz im Mörser fein zerreiben, mit 1 EL warmem Wasser mischen. Die Curryblätter zwischen den Fingern fein zerreiben, mit Cayennepfeffer und Zimtpulver unter den Joghurt rühren.

2 Die Hähnchenbrustfilets waschen und trocken tupfen. Fett und Sehnen entfernen und das Fleisch in ca. 2 cm große Würfel schneiden. Die Safranflüssigkeit mit dem Joghurt verrühren. Das Fleisch darin wenden und zugedeckt im Kühlschrank 30 Min. marinieren.

3 Ingwer und Knoblauch schälen, beides fein würfeln. Die Mango schälen, das Fruchtfleisch vom Stein schneiden und ca. 1 cm groß würfeln. Das Koriandergrün waschen und trocken schütteln, die Blätter hacken. Die Chilischote halbieren, putzen, waschen und in feine Streifen schneiden. Die Limette heiß waschen und abtrocknen, die Schale abreiben und den Saft auspressen.

4 Das Butterschmalz im Wok oder in einer großen Pfanne erhitzen. Dann erst den Ingwer darin 3 Min. anbraten, danach den Knoblauch dazugeben und 30 Sek. mitbraten. Die Kokosmilch dazugießen und aufkochen lassen.

5 Das Fleisch samt Marinade dazugeben, aufkochen lassen und offen bei kleiner Hitze 12 Min. köcheln lassen. Die Mangowürfel hinzufügen und 5 Min. ziehen lassen. Mit Salz und Limettensaft abschmecken. Das Curry mit Koriandergrün, Chilistreifen und Limettenschale bestreuen.

UND DAZU?

Ein edles Curry braucht eine feine Beilage: Für einen duftenden **Kardamom-Mandel-Reis** 4–6 grüne Kardamom-Kapseln im Mörser etwas anstoßen, sodass sie etwas brüchig werden, aber nicht auseinanderfallen. 250 g Basmatireis nach Packungsangabe garen, dabei die Kardamomkapseln mit ins Kochwasser geben. Inzwischen 3 EL Mandelblättchen goldgelb rösten. Kardamomkapseln entfernen und den Reis mit den Mandeln bestreut servieren.

würzig-scharf | aus Südafrika

Rinder-Bananen-Curry

150 g Zwiebeln | 2 Knoblauchzehen
600 g Rindergulasch | 4 rote Chilischoten
500 g Fleischtomaten
2 EL neutrales Öl (z. B. Rapsöl) | Salz
2 TL Currypulver (nach Geschmack)
1 TL Zimtpulver | ½ TL gemahlene Nelken
800 ml Rinderfond (aus dem Glas)
4 feste, möglichst grüne Bananen
(ca. 400 g Fruchtfleisch) | 1 Bund Koriandergrün

Für 4 Personen
⏱ 30 Min. Zubereitung | 2 Std. Garen
Pro Portion ca. 395 kcal, 34 g EW, 17 g F, 25 g KH

1 Zwiebeln und Knoblauch schälen, beides grob würfeln. Das Fleisch von Fett befreien. Chilischoten halbieren, putzen, waschen und würfeln. Tomaten waschen und in kleine Würfel schneiden.

2 Öl erhitzen, die Zwiebeln darin unter Rühren 5 Min. anbraten. Knoblauch 1 Min. mitbraten, beides an den Rand schieben. Das Fleisch dazugeben und rundum 4–5 Min. anbraten. Salzen, Gewürze und Chili dazugeben und alles 10 Min. pfannenrühren. Tomaten und Fond hinzufügen, aufkochen und offen etwa 1 Std. köcheln lassen, dabei gelegentlich umrühren. Wenn die Flüssigkeit leicht sämig wird, zugedeckt 30–45 Min. köcheln lassen, bis das Fleisch zart ist.

3 Bananen schälen, längs vierteln, schräg in ca. 2 cm große Stücke schneiden, unter das Curry mischen und 20–30 Min. köcheln lassen. Koriandergrün waschen und trocken schütteln, die Blätter hacken und über das fertige Curry streuen.

fruchtig | süßlichscharf

Kap-Curry mit Beef

800 g Rindfleisch zum Schmoren
150 g Zwiebeln | 100 g Datteln
100 g getrocknete Aprikosen
60 g dunkle Rosinen
3 EL neutrales Öl (z. B. Rapsöl) | Salz
1 EL Currypulver (z. B. Madrascurry)
½ TL Cayennepfeffer
½ TL gemahlener Kardamom
400 ml Kalbsfond (aus dem Glas;
oder Rinderbrühe)
1–2 EL Weißweinessig

Für 4 Personen
⏱ 45 Min. Zubereitung | 1 Std. 30 Min. Garen
Pro Portion ca. 590 kcal, 45 g EW, 23 g F, 51 g KH

1 Das Fleisch von Fett befreien und 3–4 cm groß würfeln. Zwiebeln schälen und hacken. Datteln entkernen, klein schneiden. Aprikosen klein würfeln, mit Rosinen in ¼ l warmem Wasser einweichen.

2 1 ½ EL Öl in einem Bräter erhitzen, das Fleisch darin portionsweise bei mittlerer Hitze in je 5–6 Min. rundum braun anbraten. Herausnehmen und salzen. Restliches Öl im Bräter erhitzen, Zwiebeln darin in 5–7 Min. goldgelb braten. Mit Currypulver, Cayennepfeffer und Kardamom bestreuen, unter Rühren anrösten. Aprikosen und Rosinen mit Einweichflüssigkeit, Datteln, Fleisch und Fond dazugeben, aufkochen und offen 1 Std. 30 Min. köcheln lassen, bis das Fleisch zart ist. Öfter umrühren, eventuell etwas Wasser hinzufügen. Die Sauce sollte dicklich sein. Das Curry mit Salz und Essig abschmecken.

feurig-scharf mit kühlendem Joghurt

Beefcurry mit Chili und Tomaten

Chili gibt dem Curry Feuer. Langsames Schmoren lässt den Gewürzen Zeit, ihre Aromen optimal zu entfalten und macht das Fleisch wunderbar zart.

300 g Joghurt
Salz
30 g frischer Ingwer
2 Knoblauchzehen
1 große Zwiebel
3 große, rote Chilischoten
1 Bund Koriandergrün
2 EL scharfes Currypulver
800 g Rindfleisch zum Schmoren
3 EL neutrales Öl (z. B. Erdnussöl)
2 EL Tomatenmark
400 g stückige Tomaten (aus der Dose)
400 ml Kalbsfond (aus dem Glas; oder Rinderbrühe)
Pfeffer aus der Mühle

Für 4 Personen
◎ 45 Min. Zubereitung | 1 Std. 30 Min. Garen
Pro Portion ca. 470 kcal, 47 g EW, 26 g F, 12 g KH

1 Ein Sieb auf eine Schüssel setzen und mit Mull auslegen. Den Joghurt mit ¼ TL Salz verrühren, in das Sieb füllen und den Joghurt zugedeckt in den Kühlschrank stellen.

2 Inzwischen den Ingwer, den Knoblauch und die Zwiebel schälen und fein würfeln. Die Chilischoten halbieren, putzen, waschen und in kleine Würfel schneiden. Das Koriandergrün waschen und trocken schütteln, die zarten Stängel und Blätter separat fein hacken.

3 Den Ingwer mit Knoblauch, Zwiebel, Chili, Korianderstängeln und dem Currypulver im Mixer mit 1–2 EL Wasser zu einer Paste verarbeiten.

4 Das Rindfleisch von Fett befreien und in 3–4 cm große Würfel schneiden. 1 ½ EL Öl in einem Bräter erhitzen, das Fleisch portionsweise dazugeben und bei mittlerer Hitze rundum braun anbraten. Das Fleisch herausnehmen und salzen.

5 Das restliche Öl im Bräter erhitzen, die Paste darin unter Rühren 3 Min. anbraten. Das Tomatenmark dazugeben und kurz anrösten. Die Tomaten und den Fond dazugießen und aufkochen lassen. Das Fleisch hinzufügen und zugedeckt bei kleiner Hitze 1 Std. köcheln lassen. Dann offen mindestens weitere 30 Min. köcheln lassen, bis die Sauce sämig und das Fleisch sehr zart ist. Mit Salz und Pfeffer abschmecken.

6 Den abgetropften Joghurt mit den gehackten Korianderblättchen mischen. Das Curry mit je einem Klecks Würzjoghurt obendrauf servieren.

WÜRZ-VARIANTEN
Den **Würzjoghurt** können Sie nach Geschmack mit Salz, Pfeffer, Cayennepfeffer, Kardamom, Muskat, Currypulver oder Garam Masala variieren. Ein mildes Curry verträgt einen säuerlichen Würzjoghurt mit Zitronenschale und Zitronensaft oder einen scharfen mit geriebenem Ingwer und gehacktem Chili.

Lammcurry mit Walnüssen

*Es wird langsam geschmort, bis das Curry sehr aromatisch und das Lammfleich ganz
zart ist. Walnüsse harmonieren geschmacklich perfekt und geben Extrabiss.*

300 g Zwiebeln | 3 Knoblauchzehen | 40 g frischer
Ingwer | 400 g Tomaten | 3 grüne Chilischoten |
2 EL mildes Currypulver (z. B. Englisches Curry) |
1 TL gemahlener Fenchel | 2 EL frisch gepresster
Zitronensaft | 1 kg Lammfleisch aus der Keule |
Salz | 100 g Walnusskerne | 1- EL Rapsöl

Für 4 Personen | ⊚ 35 Min. Zubereitung
6 Std. Marinieren | 1 Std. 30 Min. Garen
Pro Portion ca. 715 kcal, 49 g EW, 53 g F, 12 g KH

1 Zwiebeln, Knoblauch und Ingwer schälen und in
feine Würfel schneiden. Die Tomaten waschen, von
den Stielansätzen befreien und klein würfeln. Die
Chilischoten halbieren, putzen, waschen und ebenfalls fein würfeln.

2 Zwiebeln, Knoblauch, Ingwer und Chiliwürfel mit
Currypulver, gemahlenen Fenchel und Zitronensaft
in den Mixer geben und zu einer Paste verarbeiten.

3 Das Lammfleisch von sichtbaren Sehnen und
Fett befreien, sodass ca. 800 g schieres Fleisch
übrig bleiben. Das Fleisch in 3–4 cm große Würfel
schneiden, mit der Paste mischen und zugedeckt
im Kühlschrank 4–6 Std. marinieren.

4 Das Fleisch mit der Marinade in einen Topf
geben und langsam aufkochen, dann zugedeckt
bei kleiner Hitze 1 Std. 30 Min. köcheln lassen, bis
das Fleisch zart ist. Nach 1 Std. die Tomaten und
eventuell ab und zu etwas Wasser dazugeben.

5 Das Fleisch salzen und offen so lange köcheln
lassen, bis die Flüssigkeit nahezu verdampft ist.

6 Die Walnusskerne grob hacken. Das Öl in einer
Pfanne erhitzen. Die Walnüsse darin kurz rösten
und über das fertige Curry streuen.

nussig | scharf

Lammcurry mit Tomaten und Kardamom

Es hat eine kräftige Pfefferschärfe und ein einmaliges frisch-duftendes Kardamom-Aroma. Und mildes Currypulver rundet das Ganze harmonisch ab.

1 kg Lammfleisch aus der Keule | 75 g Cashewnusskerne | 4 TL Kardamomsamen | 4 TL schwarze Pfefferkörner | 4 EL neutrales Öl (z. B. Rapsöl | 3 TL mildes Currypulver (z. B. Englisches Curry oder Garam Masala) | Salz | 400 g stückige Tomaten (aus der Dose) | 300 g Joghurt

Für 4 Personen
🕐 50 Min. Zubereitung | 1 Std. 30 Min. Garen
Pro Portion ca. 850 kcal, 52 g EW, 66 g F, 12 g KH

1 Das Lammfleisch von sichtbaren Sehnen und Fett befreien, sodass ca. 800 g schieres Fleisch übrig bleiben. Das Fleisch in 3–4 cm große Würfel schneiden.

2 Die Cashewnusskerne im Blitzhacker fein mahlen. Je 3 TL Kardamomsamen und Pfefferkörner in der Pfeffermühle frisch mahlen oder im Mörser möglichst fein zerstoßen. Alles mit 2 EL Wasser zu einer Paste verarbeiten.

3 Das Öl in einem Bräter erhitzen, die Paste dazugeben unter Rühren 2–3 Min. anbraten. Das Fleisch hinzufügen und unter Rühren in 10 Min. rundum braun anbraten. Das Fleisch mit Currypulver und 1 TL Salz bestreuen und 1–2 Min. weiterbraten.

4 Mit Tomaten ablöschen. Den Joghurt mit 300 ml Wasser verrühren und zum Fleisch gießen, aufkochen und zugedeckt bei kleiner Hitze 1 Std. 30 Min. köcheln lassen, bis das Fleisch zart ist.

5 Dann offen weitere 15 Min. köcheln lassen, bis die Sauce etwas eingedickt ist. Nach Belieben mit Salz, dem restlichen Pfeffer und dem übrigen Kardamom abschmecken.

Weißes Curry mit Schweinefilet

Schweinefilet ist nicht das typische Fleisch für ein Currygericht – aber kombiniert mit Ingwer, Zitrone und Mandeln schmeckt es unglaublich gut.

1 Schweinefilet (ca. 700 g)
60 g Ingwer
1 Bio-Zitrone
300 g Joghurt
1 TL Cayennepfeffer
200 ml Kalbsfond (aus dem Glas)
2 EL Butterschmalz (oder Ghee)
2 EL Mandelblättchen
60 g weißes Mandelmus (Reformhaus)
100 g Frischkäse
Salz
weißer Pfeffer aus der Mühle
½ TL gemahlener Kardamom
frisch geriebene Muskatnuss

Für 4 Personen
◎ 45 Min. Zubereitung | 1 Std. Marinieren
Pro Portion ca. 470 kcal, 49 g EW, 27 g F, 9 g KH

1 Das Schweinefilet von Fett und Sehnen befreien. Das Filet längs halbieren und in ca. 1 cm dicke Scheibchen schneiden.

2 Den Ingwer schälen und fein reiben. Die Zitrone heiß waschen und abtrocknen, die Schale abreiben und beiseitestellen. 2 TL Saft auspressen.

3 Den Joghurt mit Ingwer, Cayennepfeffer und Zitronensaft verrühren. Das Fleisch untermischen und zugedeckt 1 Std. im Kühlschrank ziehen lassen.

4 Den Fond in einem kleinen Topf aufkochen lassen. Das Butterschmalz im Wok oder in einer Pfan-ne erhitzen. Das Fleisch samt Marinade dazugeben und unter Rühren kurz aufkochen lassen. Den heißen Fond hinzufügen. Die Hitze reduzieren und das Fleisch knapp unter dem Siedepunkt in 5–8 Min. gar ziehen lassen. Die Mandelblättchen in einer kleinen Pfanne ohne Fett goldgelb rösten.

5 Das Fleisch herausnehmen und warm halten (z. B. in Alufolie wickeln). Die Kochflüssigkeit bei starker Hitze in 5 Min. einkochen lassen. Mandelmus und Frischkäse dazugeben und unterrühren. Die leicht cremige Sauce mit Salz, weißem Pfeffer aus der Mühle, gemahlenem Kardamom und Muskat würzen. Das Fleisch in die Sauce geben. Mit Mandelblättchen und Zitronenschale bestreuen.

AUSTAUSCH-TIPPS
Auch fein: Nehmen Sie anstelle von Zitronensaft und Zitronenschale die Schale und den Saft von 1 Bio-Orange. Und ersetzen Sie die Hälfte vom Ingwer durch fein gehacktes Orangeat.

UND DAZU?
Dazu schmeckt ein **Orangen-Lassi.** Dafür pro Drink 150 g Joghurt mit 150 ml Orangensaft und 1–2 TL Akazienhonig mischen und mit dem Pürierstab schaumig aufmixen. Mit je 1 Prise Zimtpulver, gemahlenem Kardamom und Cayennepfeffer würzen. Nach Belieben Fladenbrot zum Curry servieren.

fruchtig-frisch | scharf

Grünes Curry mit Schweinefilet

Knackig, frisch, scharf und grün kommt das Curry daher. Die fruchtig-säuerliche Mango rundet den Geschmack ab und macht das Fleisch schön zart.

1 Schweinefilet (ca. 600 g)
4 grüne Chilischoten
1 grüne Paprikaschote
1 Bund Koriandergrün mit Wurzeln
2 Knoblauchzehen
3 Schalotten
30 g frischer Ingwer
1 Bio-Limette
1 nicht ganz reife Mango
1 EL Currypulver (z. B. Madrascurry)
2 EL Butterschmalz (oder Ghee)
Salz
schwarzer Pfeffer aus der Mühle
400 ml Kalbsfond (aus dem Glas)
50 g feste Kokoscreme (¼ Block)

Für 4 Personen | ⊚ 45 Min. Zubereitung
Pro Portion ca. 400 kcal, 35 g EW, 21 g F, 17 g KH

1 Das Schweinefilet von Fett und Sehnen befreien. Das Filet in ca. 2 cm große Würfel schneiden.

2 Die Chilischoten und Paprikaschote halbieren, putzen, waschen und in kleine Würfel schneiden. Das Koriandergrün waschen und trocken schütteln, die Wurzeln putzen. Die Wurzeln, die zarten Stängel und die Hälfte der Blätter separat hacken.

3 Knoblauch, Schalotten und Ingwer schälen und klein würfeln. Die Limette heiß waschen und abtrocknen, die Schale abreiben und den Saft auspressen. Die Mango schälen und das Fruchtfleisch vom Stein schneiden. Das Fruchtfleisch in ca. 2 cm große Würfel schneiden.

4 Chili- und Paprikawürfel, Ingwer, Korianderwurzeln, Stängel und gehackte Blätter, Limettenschale und Currypulver in den Blitzhacker geben und zu einer Paste verarbeiten.

5 1 ½ EL Butterschmalz in einer Pfanne erhitzen, das Fleisch dazugeben und bei mittlerer Hitze rundherum anbraten. Das Fleisch herausnehmen, salzen und mit Pfeffer übermahlen.

6 Das restliche Butterschmalz erhitzen, Schalotten und Knoblauch darin glasig dünsten. Die Würzpaste dazugeben und unter Rühren kurz anrösten. Den Fond dazugießen, aufkochen und bei kleiner Hitze leicht sämig einkochen lassen.

7 Die Mangowürfel dazugeben und 4 Min. köcheln lassen. Die Kokoscreme klein schneiden und in der Sauce schmelzen lassen. Das Curry mit Salz und Limettensaft abschmecken. Die Fleischwürfel hinzufügen und kurz erwärmen. Mit den restlichen Korianderblättern bestreuen.

Curryblätter

Frische Curryblätter werden meist als Zweige mit acht oder zehn Blättchen im Ganzen mitgegart und vor dem Servieren wieder entfernt. Sie bekommen sie im Asia-Laden. Sie lassen sich im Ganzen einfrieren und bei Bedarf portionsweise entnehmen. Häufiger werden ganze getrocknete Blätter angeboten. Sie werden im Blitzhacker pulverisiert oder zwischen den Fingern zerbröselt und nach Rezept verarbeitet. Curryblätter haben ein feines, krautartiges Aroma. Getrocknet und gemahlen sind sie oft Bestandteil von Currymischungen.

Fischsauce

Die thailändische Würzsauce »Nam pla« wird aus einer kleinen Sardinenart gewonnen, die in Salz fermentiert und dann gepresst wird. Die klare bräunliche Fischsauce riecht deutlich fischig, wird sparsam dosiert und meist mit einer winzigen Menge Zucker geschmacklich

Curryblätter

ausgeglichen. Da sie sehr salzig schmeckt, möglichst wenig Salz zum Abschmecken nehmen.

Galgant

Der rosabräunliche Galgant ist sehr eng mit Ingwer verwandt und wird auch wie dieser verwendet, ist aber nicht so scharf und frisch. Galgant hat ein wärmeres, an Zimt erinnerndes Aroma.

Garnelenpaste (Trassi)

Wie bei der Fischsauce werden ganze Fische mit Salz fermentiert. Dabei entsteht eine Paste, die getrocknet und in Blöcke geschnitten wird. Bevor man sie verwendet, wird sie häufig kurz geröstet.

Ghee

Ghee ist geklärte Butter. Dafür frische Butter langsam schmelzen und sanft köcheln lassen, bis sich die Eiweißstoffe absetzen, danach durch ein sauberes Tuch filtern. Ghee ist monatelang haltbar. Sie bekommen es fertig im Asia-Laden und im gut sortierten Supermarkt. Als Ersatz können Sie auch Butterschmalz oder eine Mischung aus Öl und Butter verwenden.

Kaffir-Limettenblätter

Die ledrigen, glänzenden »Doppelblätter« haben ein intensives, exotisches Zitrusaroma. Zum Mitkochen die ganzen Blätter seitlich mehrfach einschneiden, damit sie mehr Aroma abgeben. Oder nach dem Entfernen der zähen, etwas dicken Mittelrippe in ganz feine Streifen schneiden und mitkochen. Kaffir-

Limettenblätter gibt es in kleinen Frischhaltebeuteln abgepackt im Asia-Laden. Sie können sie einfrieren und nach Bedarf verwenden.

Kardamom

Das intensiv zitronig duftende Gewürz ist wichtiger Bestandteil vieler Currymischungen. Um jederzeit das volle Aroma zu genießen, kauft man am besten die ganzen grünen Kapseln. Diese werden im Mörser angestoßen und aufgebrochen. Man verwendet nur die darin enthaltenen bräunlichschwarzen, leicht klebrigen Samen. Kardamom gibt es auch fertig gemahlen zu kaufen, allerdings verfliegt das Aroma rasch.

Koriandergrün

Der süßlichfrische, leicht anisartige Geschmack der zarten Blättchen ist aus der indischen und thailändischen Küche nicht wegzudenken. Die Blättchen werden nicht mitgekocht, sondern vor dem Servieren über die Speisen gestreut. Die Wurzeln und Stängel können mitgekocht werden, sie haben das gleiche Aroma wie die Blättchen.

Kurkuma

Das leuchtend orangegelbe Pulver gibt vielen Currys die typische Farbe. Sein Geschmack ist herb und mild zugleich. Kurkuma gilt als eines der gesündesten Gewürze und ist besonders wichtig für die Fettverdauung. Im Asia-Laden gibt es manchmal frische Kurkumawurzeln zu kaufen. Man verarbeitet sie wie den frischen Ingwer und dosiert

Kardamom

sehr sparsam. Gelegentlich gibt es getrocknete Wurzelstücke, die sich dann auf der Ingwer- oder Zitrusreibe fein reiben lassen.

Schnittknoblauch

Schnittknoblauch schmeckt sehr intensiv nach Knoblauch. Die Stängel sind nicht röhrenförmig wie beim Schnittlauch, sondern abgeflacht. Schnittknoblauch wird wie Schnittlauch verwendet: frisch und in kleine Stückchen geschnitten. Sie bekommen ihn im Topf oder im Bund beim Gemüsehändler. Eine gute Alternative ist Rock Chives, ein leicht nach Knoblauch schmeckender, dekorativer Mini-Schnittlauch (www.koppertcress.com).

Schwarzkümmel

Die samtig-schwarzen kantigen Samen schmecken intensiv nussig, etwas rauchig und herb. Sie gehören in die Mischung »Panch Phoron« (siehe Seite 6), eine bengalische Gewürzmischung, und werden wie Sesam zum Bestreuen von Brot verwendet. Gibt es im Asia-Laden.

Senfkörner

Die braunen Senfkörner sind kleiner und auch schärfer als die gelben. In der indischen Küche werden sie so lange in Öl geröstet, bis sie anfangen zu knistern und zu springen. Sie sind im Asia-Laden erhältlich.

Thai-Basilikum

Es schmeckt deutlich anders als mediterranes Basilikum und ist durch dieses nicht ersetzbar. Die bekannteste Sorte (bai horopha) hat kleine rötliche Blätter und schmeckt frisch und würzig. »Scharfes« Thai-Basilikum (bai kaprau) hat grüne Blättchen und Lao-Basilikum hat hellgrüne Blättchen und einen zitronig-frischen Geschmack. Wie das mediterrane Basilikum wird es frisch verwendet und nicht mitgegart.

Thai-Currypasten

Die rote Paste gilt als die schärfste, die gelbe ist etwas milder und die grüne etwas frischer. Man bekommt sie in Portionsbeuteln, in Vorrats-Gläsern oder Kunststoff-Töpfen im Asia-Laden. Man kann sie auch selber zubereiten (siehe Seite 7), dann schmecken sie besonders frisch und enthalten garantiert keine unerwünschten Zusatzstoffe.

Thai-Schalotten

Die kleinen, rundlichen, violetten Thai-Schalotten sind saftiger, milder und fruchtiger im Geschmack als die Schalotten hierzulande. Sie können durch diese ersetzt werden. Dann nur die Hälfte der Menge nehmen.

Urad Dal

Die ursprünglich schwarzen Linsen werden geschält. Die ausgelösten weißen Linsen schmecken besonders mild und nussig. Außerdem sind sie sehr bekömmlich.

Schnittknoblauch/Thai-Basilikum

Zum Gebrauch

Damit Sie Rezepte mit bestimmten Zutaten noch schneller finden können, stehen in diesem Register zusätzlich auch beliebte Zutaten wie **Currypaste** und **Ingwer** – ebenfalls alphabetisch geordnet und **hervorgehoben** – über den entsprechenden Rezepten.

DIE GU-QUALITÄTS-GARANTIE

Liebe Leserin, lieber Leser,
wir möchten Ihnen mit den Informationen und Anregungen in diesem Buch das Leben erleichtern und Sie inspirieren, Neues auszuprobieren. Alle Informationen werden von unseren Autoren gewissenhaft erstellt und von unseren Redakteuren sorgfältig ausgewählt und mehrfach geprüft. Deshalb bieten wir Ihnen eine 100%ige Qualitätsgarantie. Sollten wir mit diesem Buch Ihre Erwartungen nicht erfüllen, lassen Sie es uns bitte wissen. Sie erhalten von uns kostenlos einen Ratgeber zum gleichen oder ähnlichen Thema. Wir freuen uns auf Ihre Rückmeldung, auf Lob, Kritik und Anregungen, damit wir für Sie immer besser werden können.

GRÄFE UND UNZER Verlag
Leserservice
Postfach 86 03 13
81630 München
E-Mail:
leserservice@graefe-und-unzer.de

Telefon: 00800 / 72 37 33 33*
Telefax: 00800 / 50 12 05 44*
Mo–Do: 8.00–18.00 Uhr
Fr: 8.00–16.00 Uhr
(* gebührenfrei in D, A, CH)

Ihr GRÄFE UND UNZER Verlag
Der erste Ratgeberverlag – seit 1722.

© 2009
GRÄFE UND UNZER VERLAG GmbH, München

Redaktion: Birgit Rademacker
Lektorat: Maryna Zimdars
Korrektorat: Mischa Gallé
Layout, Typografie und Umschlaggestaltung: independent Medien-Design, Horst Moser, München
Satz: Liebl Satz+Grafik, Emmering
Herstellung: Petra Roth
Reproduktion: Wahl Media GmbH
Druck und Bindung: Firmengruppe APPL, aprinta druck, Wemding

Syndication:
www.jalag-syndication.de

ISBN 978-3-8338-1631-4

6. Auflage 2014

 www.facebook.com/gu.verlag

Die Autorin

Bettina Matthaei, Kochbuchautorin und Fachjournalistin (Mitglied im Food Editors Club), hat eine besondere Leidenschaft für Gewürze. Außerdem hält sie Vorträge und veranstaltet Workshops zu diesem Thema. Ihre aromatischen Gewürzmischungen kann man online bestellen unter www.1001gewuerze.de

Der Fotograf

Wolfgang Schardt kann seine Liebe für Essen und Trinken beruflich ausleben. In seinem Studio in Hamburg fotografiert er vor allem Food, Stills und Interieur für Magazine wie FEINSCHMECKER, für Verlage und Werbung. Unterstützt wurde er von Anne-Katrin Weber, die für das Foodstyling verantwortlich war.

Bildnachweis

Titelfoto: Jörn Rynio, Hamburg; alle anderen: Wolfgang Schardt, Hamburg

Titelbildrezept

Goldenes Safran-Ingwer-Huhn (S. 47)

Umwelthinweis:
Dieses Buch ist auf PEFC-zertifiziertem Papier aus nachhaltiger Waldwirtschaft gedruckt.

GRÄFE UND UNZER

Ein Unternehmen der
GANSKE VERLAGSGRUPPE

So viel mehr lecker.

Von Kokosnuss bis Kokoscreme

Ob Kokosraspel, Kokoscreme (3), Kokosmilch (4) oder Pulver, diese Produkte geben Currys erst die cremige Konsistenz und den typischen, exotischen Geschmack.

Kokosraspel und Kokoschips

Das Fruchtfleisch von einer frischen Kokosnuss können Sie leicht mit dem Sparschäler in Streifen abziehen oder auf der Gemüsereibe fein raspeln. Für fertige Kokosraspel (1) und Kokoschips (2) aus dem Supermarkt werden reife Kokosnüsse geöffnet und getrocknet. Dann wird das getrocknete Fruchtfleisch (Kopra) zu Chips oder Raspeln verarbeitet. Ins Curry kommen beide: pur, geröstet oder als Bestandteil von Würzpasten.

Kokosmilch, Kokoscreme und Kokospulver

Je nach Wasseranteil gibt es dünn- und dickflüssige Sorten, meist in Dosen und ungesüßt. Die Zutatenliste gibt Auskunft über ihre Qualität. Ein gutes Produkt enthält ausschließlich Kokosnuss-Extrakt und Wasser. Andere Produkte enthalten noch Zitronensäure (E 330) oder Emulgatoren (E 435).

Bei einem Verhältnis von 80 Prozent Kokosnuss-Extrakt und 20 Prozent Wasser spricht man von Kokoscreme, auch wenn sie halbflüssig ist. Sie ist ideal zum Anrösten von Currypasten. Dafür die Dosen vor dem Öffnen nicht schütteln, die dickliche, sahnige obere Schicht einfach abheben und mit der Paste anschwitzen.

Kokosmilch aus Instant-Kokospulver (5) lässt sich besser dosieren. Je nach Bedarf und Wassermenge kann man eine dick- oder dünnflüssige Kokosmilch selber mixen. Bleibt Kokosmilch übrig, den Rest in ein Schraubglas füllen und innerhalb von zwei Tagen aufbrauchen.

Feste Kokoscreme im Block

Bei kleinen Mengen oder für viel Flüssigkeit ist Kokoscreme im Block (6) optimal. Die Mini-Menge wird einfach in kleinen Stückchen abgeschnitten oder abgekratzt und in der Sauce oder Kochflüssigkeit geschmolzen. Einmal angebrochen, ist sie im Kühlschrank in einem Frischhaltebeutel etwa sechs Monate haltbar.